Die Umwelt ist unbezahlbar

von Dr. Pulcher

3. Auflage 2020

Einleitung

Dieses Wissensbuch ist allgemeinverständlich geschrieben.
Zur besseren Lesbarkeit wurde auf die weibliche Form verzichtet, wenn also Leser steht, ist auch die Leserin gemeint.

Der Inhalt des Buches ist die Vergangenheit, die Gegenwart und eine mögliche Zukunft des Menschen.

„Erst wenn der letzte Baum gerodet, der letzte Fluss vergiftet, der letzte Fisch gefangen ist, werdet ihr merken, dass man Geld nicht essen kann."
(Angebliche Weissagung der Cree-Indianer)

Inhaltsverzeichnis:

1. Besonderheiten des Menschen

In diesem Kapitel beschreibe ich die biologischen Besonderheiten des Menschen, damit wir verstehen, wie und warum wir uns so entwickelt haben.

Die Phase des Früh-Menschen ist ca. zwei Millionen bis zwanzigtausend Jahre vor unserer Zeitrechnung einzuordnen.

1.1. Gehirn

Die Größe unseres Gehirns ist eine Besonderheit des Menschen. Das Gehirn wiegt ca. 1400 g, das sind immerhin 2% des Körpergewichts.
Im Vergleich dazu wiegen die Gehirne von Schimpansen ca. 400 g (1%) und die von Elefanten ca. 5000 g (0,2%).

In Klammern ist jeweils das Gewicht des Gehirns im Vergleich zum Körpergewicht angegeben.

Warum wurde das Gehirn größer?
Das Gehirn ist wie ein Muskel, durch Training und Gebrauch wächst es.

Es wurde vor allem für vier Dinge benötigt:

- Sprache
- Motorische Fähigkeiten wie Werfen
- Nachdenken
- Gedächtnis

Wenn man ein menschliches Gehirn von außen betrachtet, sind auch diese Teile am stärksten ausgeprägt:

Im Stirnlappen sitzt unser Denken und die Persönlichkeit, im Schläfenlappen liegt das Hör- und das Sprachzentrum.
Im Scheitellappen sind unsere motorischen und sensiblen Fähigkeiten und im

Hinterhauptslappen liegt das Sehzentrum.
Warum sehen Boxer Sterne, wenn sie im
Gesicht getroffen werden?
Der Hinterhauptlappen prallt an den
rückwärtigen Schädelknochen, kurzfristig
meldet das Gehirn dann einen Seh-Eindruck.

Die Entwicklung der Sprache stärkte unser
Gefühl als menschliche Gemeinschaft und
sorgte für festere Beziehungen zwischen Frau
und Mann.
Dies war deshalb wichtig, weil Männer die
fruchtbaren Tage einer Frau nicht mehr von
außen erkennen konnten.
Bei Affenweibchen erkennt man dies zum
Beispiel an einem roten Gesäß.
Es wurde für Männer sehr wichtig, Frauen
dauerhaft in einer Beziehung an sich zu binden,
um sicher sein zu können, dass der Nachwuchs
auch von ihnen stammte.
Für Frauen war es wichtig, durch die von Natur
aus muskulöseren Männer zusätzlichen Schutz
zu bekommen.

Es hatten aber auch weniger muskulöse
Männer mit Sprachtalent eine Chance, ihre
Gene weiterzuvererben. Sie mussten nur besser
flirten können.
Und schneller laufen, wenn ein Muskelprotz sie
deshalb verfolgte.
Oder ein geschickter Höhlenmaler hatte gewiss
auch Vorteile, sonst wäre die Begabung für
Kunst, Musik etc. nicht bis in die heutige Zeit
vererbt worden.

Für das Werfen eines Steins oder eines Speers
sind umfangreiche Berechnungen notwendig,
die über Auge-Hand-Koordination in
Sekundenbruchteilen von unserem Gehirn
geleistet werden müssen. Dies wird zum
Beispiel noch dadurch erschwert, wenn die
Beute flieht, weil dann vorausberechnet werden
muss. Die Trefferquote eines Steinwurfs wurde
durch mehr Hirnnervenzellen besser.
Allein die Areale unseres Gehirns, die für den
Daumen zuständig sind, sind ungefähr so groß
wie die für den gesamten Rumpf.

Ohne Nachdenken wären Erfindungen wie
Pfeil und Bogen nicht möglich gewesen.

Und durch bessere Gedächtnisleistungen
wurden Bewusstsein und Tradition möglich.
Was unterscheidet den Menschen grundsätzlich
vom Tier?

Ein Vorstellungsvermögen über Dinge, die man
nicht sieht (Abstraktionsvermögen).
Ein Bewusstwerden des eigenen Selbst
(Bewusstsein).
Die Fähigkeit der Unterscheidung von gestern,
heute und morgen (Zeitgefühl).
Tiere leben hauptsächlich im Hier und Jetzt.

Ein größeres Gehirn war ein evolutionärer
Vorteil und ermöglichte dem Menschen die
Eroberung der Welt.

1.2.   Haare

Das Fehlen eines Fells ist eine weitere
Besonderheit des Menschen unter den
Säugetieren.
Felllos sind außer dem Menschen von den
Landsäugetieren nur der Nacktmull oder
spezielle Züchtungen.

Meeressäuger wie Wale und Delphine sind
prinzipiell ohne Fell, weil sie ständig im
Wasser leben.
Robben haben auf das Ablegen des Fells
verzichtet, weil sie mehr Zeit an Land als im
Wasser verbringen.
Außerdem ist ein Fell für sie auch ein
mechanischer Schutz beim „Robben“.

Der Mensch hat seine Haare an
charakteristischen Stellen erhalten.
Das Kopfhaar dient als Sonnenschutz, die
Schamhaare verstärken den körpereigenen

Geruch, auch wenn das in heutiger Zeit nicht immer erwünscht ist.

Die Körperbehaarung wurde vom Menschen nicht von jetzt auf gleich abgelegt, sondern sie wurde von Generation zu Generation immer spärlicher.

Der Verzicht auf ein Fell hatte für den Menschen einige Vorteile.

In Kombination mit unseren Schweißdrüsen ermöglicht die Felllosigkeit ein wirksames Abkühlungssystem.

Hunde zum Beispiel können nur hecheln, aber nicht schwitzen.

Nach der Erzeugung und Nutzung des Feuers war die Nähe zu diesem ohne Fell gefahrloser.

Außerdem wurde ein Verlassen des Wassers einfacher, man musste nicht ständig durch Schütteln das Fell trocknen.

Dies leitet uns zum nächsten Kapitel über.

1.3.   Wasser

Es fällt auf, dass menschliche Siedlungen und
Städte bis auf wenige Ausnahmen an Flüssen
und Seen errichtet wurden.
Der Grund ist die Verfügbarkeit von
Trinkwasser und der bequeme Abtransport von
Hinterlassenschaften.
Auch die Meeresküste wurde als
Siedlungsraum sehr geschätzt.

Wasser ist aber auch ein ganz besonderer Stoff.
Es hat mehrere faszinierende Eigenschaften,
wie zum Beispiel seine Flüssigkeit in einem
Temperaturbereich von Null bis hundert Grad
Celsius. Die meisten Stoffe in diesem
Temperaturbereich sind fest.
Oder seine Fähigkeit festes Eis zu bilden, das
leichter ist als flüssiges Wasser. Dies ist
einmalig, denn alle anderen Stoffe sind im
Festzustand schwerer als im Flüssigzustand.

Dadurch frieren Meere und Seen bei
Minusgraden nie völlig zu, weil die Temperatur
am Grund des Gewässers immer vier Grad
Celsius beträgt. Bei vier Grad Celsius ist
Wasser am dichtesten und schwersten und sinkt
nach unten.
Dies bedeutet, dass sämtliche im Wasser
lebende Organismen überleben können, weil
sie bei Minustemperaturen nicht festfrieren,
wenn sie sich am Grund aufhalten.
Lebewesen an Land haben andere
Mechanismen entwickelt, um bei Kälte
überleben zu können.

Wasser ist uralt, das einzelne Wasser-Molekül
an sich ist in freier Natur unzerstörbar und
frisch wie am ersten Tag.
Man kann davon ausgehen, dass jeder Tropfen
Wasser schon durch Millionen von Mündern
geflossen ist.
Selbstverständlich floss es auch durch die
Rachen der Dinosaurier.

Der Mensch hat eine besondere Beziehung zum
Wasser.
Alle Menschen lieben es mit nackten Füßen am
Strand zu laufen. Es ist, als würde man das von
früher her kennen. Und tatsächlich war die
Uferzone eines Meeres für Menschen aus zwei
Gründen attraktiv:
Sicherheit und Nahrungsangebot.

In einer fischreichen Region wie zum Beispiel
dem Roten Meer war das Wasser warm, man
konnte sich auch länger darin aufhalten.
Leichter als Fische fangen lassen sich
Muscheln und Krebse aufsammeln.
Dazu muss man nur hüfttief im Wasser waten
und gelegentlich tauchen.
Nach dem Grillen am Feuer waren diese
Schalentiere auch genießbar und sogar
schmackhaft.

Ein Fell ist bei längerem Aufenthalt im Wasser
eher hinderlich, also wurde es abgeschafft.
Bis auf die Haare des Kopfes, denn die sind bei
aufrechtem Gang meist außerhalb des Wassers.

Der aufrechte Gang ist sicherlich auch in der Savanne entstanden, er ermöglichte dem Menschen seine Arme und Hände frei zu bekommen. Dies gestattete erst die menschliche Werkzeug- und Waffenentwicklung.
Im Wasser fällt der aufrechte Gang jedoch viel leichter, denn Wasser trägt.

Das Beibehalten des Kopfhaares hatte den Vorteil, dass Säuglinge und Kleinkinder sich noch festhalten konnten, denn die Mutter oder der Vater brauchten ihre Arme für andere Tätigkeiten. Dieses Anklammern am Fell der Eltern findet man bei allen Affenarten.
Beim Waten der Erwachsenen im hüfttiefen Wasser konnten die Kinder die Kopfhaare gut greifen, wenn diese lang genug waren.
Sie selber wurden auch leichter für die Älteren, wenn sie in die Wasseroberfläche eintauchten.
Dadurch wurde ein schmerzhaftes Ziehen an den Haaren vermieden.

Und es erklärt auch die große Länge des Haupthaares des Menschen, die eine Besonderheit darstellt.

Die Uferzone ist auch relativ sicher. Wenn Löwen kamen, ging man ins Wasser, wenn Haie näher kamen, ging man an Land. Oder umgekehrt, aber diese Individuen entfernten sich schnell selbst aus dem Genpool.

Es gibt viele Hinweise, dass Menschen gut an das Leben in der Uferzone angepasst sind:

**Zum Beispiel hat jeder Mensch einen kleinen Wasserspeier im Ohr (Incisura intertragica), also die Rinne oberhalb des Ohrläppchen zum schnelleren Entleeren von Wasser, das in unseren Gehörgang eingedrungen ist.
(Wissenschaftliche Erstbeschreibung 01.04.2020 durch den Autor).**

Die Nasenöffnung ist nach unten gerichtet,
damit in die Nase eingedrungenes Wasser
leichter abfließt. Affen haben die
Nasenöffnungen nach vorne gerichtet.

Menschliche Säuglinge haben im Gegensatz zu
Affenbabys einen Luftanhalt-Reflex, wenn sie
mit dem Kopf unter Wasser geraten.
Sie haben ein dickes Unterhautfettgewebe, das
sie vor Unterkühlung schützt. Deshalb sehen
zum Beispiel Schimpansen-Jungtiere so
zerknittert aus und menschliche Babys so prall.
Menschliche Säuglinge schwimmen dank ihres
Fettgewebes wie Korken auf der
Wasseroberfläche, während Affenbabys
ertrinken.

Zuletzt haben Menschen einen vergleichsweise
großen Fuß. Er ist perfekt fürs sichere Stehen
im Wasser bei Wellengang. Fürs Rennen an
Land sind Hufe besser, fürs Klettern genügt ein
kleiner Fuß mit Krallen.

Dies sind starke Hinweise auf eine amphibische Anpassung, die zumindest in der Brandungszone ein komfortables Leben der Frühmenschen ermöglichte.

1.4.   Feuer

Die Nutzung des Feuers ist eine Besonderheit
des Menschen unter den Tieren.
Das Feuer ist heiß und gefährlich. Seine Nähe
erzeugt Ängste, die überwunden werden
müssen. Verbrennungen sind sehr schmerzhaft.

Auch die Herstellung und Aufrechterhaltung
des Feuers ist kompliziert und nur möglich,
wenn man die Angst verloren hat.
Feuer findet man nach Blitzeinschlägen und
hält es durch Nachlegen von trockenem Holz
am Leben.
Später erfanden die Menschen mehrere
Methoden der Feuerherstellung durch
Reibungswärme oder Feuersteine.
Das Feuer ist einer der Gründe, warum der
Mensch sein Fell verlor.
Wenn man sich in der Nähe eines Lagerfeuers
aufhält, ist man mit Fell in ständiger
Lebensgefahr.

Deshalb fürchten Säugetiere das Feuer.
Da Raubkatzen wie Löwen vor allem bei Nacht
auf die Jagd gehen, ist es für Frühmenschen
vorteilhaft gewesen, das nächtliche Feuer nicht
ausgehen zu lassen.

Es brauchte eine Feuerwache, während die
anderen schliefen.
Auch das zeigte, wie wichtig Kommunikation
und Verlässlichkeit waren.

Das Feuer hatte noch einen weiteren Vorteil:
Man konnte kochen.
Einige Wissenschaftler behaupten, dass erst das
Kochen unsere Menschwerdung ermöglicht
hat.

Warum?

Ein größeres Gehirn hatte Vorteile, aber es
hatte auch einen gewichtigen Nachteil:
Es führte zu größeren Köpfen, die trotzdem
durch den engen Geburtskanal passen mussten.

Also wurde das Becken der Frau breiter, was
sich jedoch nachteilig auf die Geschwindigkeit
der Frauen beim Laufen auswirkte.
Aus diesem Grunde verkleinerte sich auch der
Gesichtsschädel des Ungeborenen, damit der
Gesamtkopf in etwa gleich groß blieb.
Leider war diese Entwicklung nur teilweise
erfolgreich, weshalb menschliche Frauen unter
Schmerzen gebären müssen.
Der Gesichtsschädel ist der Teil, wo Augen,
Nase, Mund und Kinn sich befinden.
Man kann in der Menschheitsgeschichte
beobachten, dass die Unterkiefer, die
Kaumuskeln und die Augenwülste immer
kleiner wurden.

Die Kaufläche konnte verringert werden, weil
durch Kochen der Nahrung das Kauen
erleichtert wurde.
Nach dem Kochen von Fleisch oder
pflanzlicher Nahrung werden die Inhaltsstoffe
auch besser verdaut und verwertet. Auch dies
führte letztlich zu größeren Menschen mit
größeren Gehirnen.

Das Gehirn benötigt bei 2 % des
Körpergewichtes ca. 20% der zugeführten
Kalorien. Es ist neben dem Herzen das vom
Stoffwechsel bevorzugte menschliche Organ.

Feuer war auch hilfreich zur Jagd.
Man konnte Tiere mit Fackeln über Abgründe
oder in Fallen treiben.
Oder wie es heute noch die Ureinwohner
Australiens machen, Vorteile aus selbst
gelegten Buschbränden ziehen.
Dies führt uns zum nächsten Kapitel.

1.5.   Waffen

Waffen sind eine weitere Besonderheit des Menschen im Tierreich.
Was wäre der Mensch ohne seine Waffen? Das gilt auch für den Frühmenschen!
Allerdings war das Arsenal noch sehr übersichtlich: Knochen, Steine und Stöcke.
Das waren alles Dinge, die sich leicht finden lassen.
Lange Röhrenknochen, zum Beispiel vom Oberschenkel (ich lass jetzt mal außen vor, ob vom Mensch oder vom Tier) waren besonders attraktiv, wenn sie zerbrochen waren und spitze und scharfe Kanten hatten.

Steine ließen sich verbessern, wenn man sie mit anderen Steinen bearbeitete und so scharfe Kanten einschlug. Das führte zur Erfindung des Faustkeils, mit dem sich auch prima Felle abschaben ließen.
Stöcke konnte man verbessern, wenn man

ihnen eine Spitze gab und diese im Feuer
härtete.

Wenn der Stock lang und gerade war, wurde er
zum Speer und konnte als Stech- und
Wurfwaffe Verwendung finden.

Wenn man das stumpfe Ende in die Erde bohrte
und den Speer anhob, konnte auch schon mal
eine Raubkatze sich mit ihrem eigenen
Gewicht erdolchen.

Der Speer als Fernwaffe war eine weitere
Verbesserung, denn der Fernkampf ist immer
risikoärmer als der Nahkampf.

Auch der geworfene Faustkeil war eine
Möglichkeit, kleinere Tiere bis zur Hasengröße
zu erbeuten.

Je größer das Gehirn wurde, je schneller es
rechnen konnte, desto besser wurde die
Treffsicherheit und die Erfolgsaussicht bei der
Jagd.

Die Keule verlängerte den Schwungarm des
Menschen und verdoppelte die Kraft.

Außerdem vermied man, dass die Fingerknochen brechen, wie das beim Faustkampf möglicherweise passieren kann.

Die Erfindung des Pfeil und Bogens war ein weiterer Meilenstein in der Waffentechnologie. Jetzt war auch körperlich Schwächeren ein tödlicher Fernkampf möglich.
Vielleicht war dies die Überlegenheit des Homo sapiens gegenüber dem ausgestorbenen Neandertaler, aber das bleibt eine Vermutung.
Auf jeden Fall vermischte sich das Erbgut der beiden Menschenarten, was ein starker Hinweis ist, dass es nicht nur zu kriegerischen Aktivitäten kam.

Hilfreich für die Jagd war übrigens auch das Vorhandensein von Schweißdrüsen beim Menschen.
Menschen können im Gegensatz zu den meisten Tieren schwitzen und senken damit wirkungsvoll die Körpertemperatur. Dies macht den Menschen zum perfekten Langstreckenläufer und Hetzjäger.

Fazit:

Der Mensch ist von Natur aus mit relativ
ungefährlichen Zähnen und Krallen bewehrt.
Er ist auf zwei Beinen im Vergleich zu den
meisten vierbeinigen Tieren recht langsam.
Für viele Raubtiere ist er unbewaffnet eine
leichte Beute gewesen.
Wichtig zum Überleben waren für den
Frühmenschen der Besitz des Feuers und erste
primitive Waffen.
Seine Hauptwaffen aber sind sein Gehirn und
seine Intelligenz.

2. Menschheitsgeschichte

(Vor ca. 20.000 Jahren bis heute)

2.1. Jäger und Sammler

Die längste Zeit unserer Menschheitsgeschichte
waren wir Jäger und Sammler.
Dies erklärt auch einige der unterschiedlichen
Verhaltensweisen von Mann und Frau.
Männer waren hauptsächlich Jäger und zwar
aus zwei Gründen: Sie waren körperlich stärker
und nie schwanger.
Frauen waren hauptsächlich Sammler.
Dies führte zu unterschiedlichen Talenten, die
wir auch heute noch beobachten können.
Es mag im folgenden pauschal klingen, dient
aber dem Verständnis:
Für die Jagd braucht man ein gutes räumliches
Vorstellungsvermögen, denn die
umherziehenden Tierherden durchstreifen ein

großes Areal. Männer lernten sich während der Jagd still zu verhalten, um das Wild nicht zu warnen. Sie waren also nicht gesprächig. Zur Not kommunizierten sie mit Gesten, wie das auch heute noch Soldaten tun.
Sie lernten sich auf eine Sache zu fokussieren und rasch zu handeln.

Frauen brauchten auch ein gutes Gedächtnis, um Stellen mit Früchten, Beeren, Samen und Nüssen wiederzufinden.
Im Gegensatz zu den Männern konnten sie ihre verbalen Fähigkeiten ohne Nachteile trainieren.
Vielleicht vertrieb lautes Reden und Lachen sogar Raubtiere.
Diese greifen nämlich hauptsächlich an, wenn sie überrascht werden. Es sei denn, sie sind auf der Jagd, was aber hauptsächlich nachts der Fall ist.

Der Mensch lebte damals in Einklang mit der
Natur. Er verwertete fast alles, was er vorfand
und produzierte keinen Abfall, der für die
Natur schädlich war.
Die damalige Arbeitszeit wird auf wenige
Stunden täglich (ca. vier Std.) geschätzt.
Natürlich war die Lebenserwartung durch
Unfälle und Krankheiten wesentlich kürzer als
heute, was aber durch die bessere
Lebensqualität mehr als ausgeglichen wurde.
Der Mensch lebte damals in frischer Luft und
mit sauberem Wasser in einer unberührten
Natur, hatte Zeit für häufigen
Geschlechtsverkehr und musste nie in die
Fabrik oder ins Büro.
Es wird auch damals schon einige wenige sehr
alte Menschen gegeben haben.
Tod durch Verhungern war und ist bei
Naturvölkern selten.

2.2.   Ackerbau und Viehzucht

Der Verlust des Paradieses kam für die
Menschheit schleichend durch einen
vermeintlichen Fortschritt, den Ackerbau.
Es mag eine zufällige Beobachtung gewesen
sein, dass abgestreiftes Wildgetreide im
nächsten Jahr aufkeimte, wenn es bewässert
wurde.
Zum Beispiel wenn verlorene Getreidesamen in
eine Pfütze fielen.
Außerdem domestizierte der Mensch Wildtiere
und begann mit der Viehzucht.
Von da an waren zusätzliche Nahrungsquellen
gegeben, die im Laufe der Zeit zu gewaltigen
Veränderungen führten.
Wahrscheinlich wurden Ackerbau und
Viehzucht gegenüber Jagd und
Sammlertätigkeit viele tausend Jahre parallel
betrieben, bis die Menschheit in die
Erfolgsfalle tappte.

Sie vermehrte sich rapide und konnte bald die
Menschenmassen nicht mehr alleine mit Jägern
und Sammlern ernähren.
Sie war zum Ackerbau genötigt, ob sie es
wollte oder nicht.
Der Ackerbau führte zu wesentlich längeren
Arbeitszeiten (ca. zehn Std.) und war auch
mühseliger.
Der Mensch arbeitete jetzt im Schweiße seines
Angesichts. (1.Mose 3:19, modifiziert)
Die Viehwirtschaft führte zum Nomadentum,
was eine Vorstufe zur Sesshaftigkeit war.
Der Ackerbau führte zur Verpflichtung an der
Scholle und zum Schutz der Felder und
Ortschaften. Diese wurden immer in der Nähe
von Gewässern angelegt.
Die Sesshaftigkeit begünstigte kriegerische
Auseinandersetzungen. Grund war oft der
Kampf um Ressourcen wie Wasser oder gute
Böden. Außerdem führten Missernten zu
Hungersnöten größeren Ausmaßes.
Aber die Menschheit lebte immer noch in
Einklang mit der Natur und erzeugte keine
Schadstoffe.

2.3.   Industrialisierung

Der Sündenfall begann mit dem Zeitalter der
Industrialisierung.
Erst die weitere Ausbreitung und Vermehrung
der Menschen und die Entwicklung von
Erfindungen führten zur Zerstörung der Natur.
Auch dieser Prozess war schleichend.
So langsam, dass er lange vernachlässigt
werden konnte.
Zuerst freute sich der Mensch über
Erfindungen wie die Dampfmaschine oder die
Elektrizität, weil sie die körperliche Arbeit
erleichterten.
Aber die Stollen wurden immer zahlreicher, die
der Mensch in die Erde bohren musste, um
Metalle und Kohle zu gewinnen.
Die Fabrikschornsteine wurden immer höher,
die Luftqualität wurde immer schlechter und
die Arbeitsbedingungen wurden
unmenschlicher.

Jetzt waren Arbeitszeiten in der Regel noch länger als in früheren Zeiten.

Die Förderung von Öl veränderte die Welt grundlegend, die Erfindung des Verbrennungsmotors revolutionierte alles.
Der schnelle Transport zu Land, zur See und in der Luft wurde möglich.
Traktoren ersetzten die Pferde und verdichteten durch ihr größeres Gewicht die Äcker, was den Boden schädigte.

Die Erfindung von chemischen Düngemitteln führte zu einer Bevölkerungsexplosion, die für viele aktuelle Probleme verantwortlich ist.
Der übermäßige Gebrauch von Düngemitteln und Pestiziden führte außerdem zu ökologischen Schäden.

2.4.   Digitalisierung

Die Neuzeit des Menschen ist durch
Digitalisierung geprägt.
Computer erleichtern unsere geistige Arbeit
und können viele Dinge schneller berechnen
als unser Gehirn.

Die Digitalisierung forderte jedoch einen hohen
Preis, nämlich einen immensen
Energieverbrauch.
Schon heute verbrauchen die großen Server bis
zum kleinen Privat-PC einen erheblichen Anteil
unseres Stroms mit steigender Tendenz.
Es wird geschätzt, dass die Menschheit bis zum
Jahr 2050 ca. 40-50 % der erzeugten Energie
für digitale Dienste ausgibt.

So führen selbst harmlose Katzenvideos zu
einer nicht unerheblichen Emission von
Kohlendioxid.

2.5.   Mensch und Umwelt

Heute sind die Folgen unübersehbar.
Die Umweltverschmutzung zu Land, Wasser
und Luft hat solche Ausmaße angenommen,
dass die Menschheit sich selber gefährdet.

Die Gewinnung von Ackerland durch Brand-
Rodung von Wäldern führte zum Verlust
vormals intakter Natur.

Die Gier des Menschen nach Fleisch führte zur
Massentierhaltung mit all ihrem Elend.

Außerdem versiegelte der Mensch vormals
fruchtbaren Boden durch Bau von Gebäuden
und Straßen.

Hier zeigt sich, dass die Intelligenz des
Menschen so geartet ist, dass er kurzfristige
Vorteile erkennt und wahrnimmt.

Dass er aber scheitert, wenn es um
langfristiges, nachhaltiges Wirtschaften geht.

Wenn ein Mensch ein Haus baut und den
Boden versiegelt, ist es für die Natur völlig
bedeutungslos.
Selbst wenn Millionen Menschen das tun, ist es
ohne Belang.
Wenn aber mehrere Milliarden Menschen den
Lebensraum mit Häusern und Straßen zubauen,
ist es ein Problem für die Natur.

Zum Beispiel wird zur Zeit für Beton so viel
Sand abgebaut, dass weltweit Bausand knapp
wird. Wobei man wissen muss, dass
Wüstensand wegen seiner perfekten Kugelform
zum Bauen ungeeignet ist.

Der Platz auf unserem Planeten ist nun mal
begrenzt. So wird die Tierwelt immer mehr
zurückgedrängt und verliert zusehends ihre
Rückzugsräume.

Für statistische Gefahren haben wir gar keinen
Sinn, weil wir ihn in unserer
Menschheitsgeschichte nie brauchten.
Die Gefahr, die von einem Löwen ausging, ist
genauso groß, wie die von zehn Löwen!

Außerdem gibt es heutzutage zwar viele
Spezialisten unter den Wissenschaftlern.
Es fehlt aber an Universalgelehrten, die nicht
nur ihr Fachgebiet sehen, sondern das große
Ganze.

Wir sind gut im Beurteilen unserer nächsten
Umgebung, haben aber keine Antennen, wenn
es um globale Zusammenhänge geht.
Globales Denken war in unserer evolutionären
Menschheitsgeschichte nicht wichtig.
Deshalb unterschätzen wir die exponentielle
Bevölkerungsentwicklung und das wahre
Ausmaß der Zerstörung.

Die Natur wehrt sich zwar mit Dürreperioden,
Hitzewellen, Stürmen und auch Starkregen.
Diese Wetterkapriolen werden jedoch eher als
Symptome gesehen und nicht als Krankheit
unseres Planeten.

Es wird nach dem biblischen Prinzip gehandelt:
„Macht Euch die Erde untertan“.
Das ist uns gelungen!
Aber zu welchem Preis?

3. Natur und Umwelt

3.1. Erde

Die Erde ist ein großer Organismus, eine Gaia,
alles hängt mit allem zusammen und ist auch
aufeinander angewiesen.
Warum ist das so?
In der Erdgeschichte haben sich alle
Lebewesen an die vorgefundenen Bedingungen
anpassen müssen.

Am Anfang waren die Lebensbedingungen für
heutige Verhältnisse sehr unwirtlich.
Nur Bakterien konnten überleben.
Später entwickelten sich die Algen mit Hilfe
der Bakterien.
Algenblüten im Meer sind die Grundlage fast
aller Nahrungsketten der Weltmeere.

Dann kamen vermutlich die Pilze ins Spiel. Sie konnten von abgestorbenen Lebewesen leben und sind auch heute noch die wichtigsten Entsorger. Pilze sind hauptsächlich Bewohner des Bodens, die oberirdischen Fruchtkörper, die wir kennen und essen, sind nur ein winziger Teil des Pilzkörpers.
Eines der größten Lebewesen der Erde ist übrigens ein Hallimasch-Pilz. Der Blauwal wiegt bis zu 200 Tonnen, der Mammutbaum bis zu 2400 Tonnen, der größte Hallimasch-Pilz in Oregon, USA wiegt ca. 600 Tonnen.
Die Pilze wiederum ermöglichten den grünen Pflanzen überhaupt erst das Leben, weil sie Nährstoffe (hauptsächlich Phosphor) an deren Wurzeln lieferten und als Gegenleistung mit Zuckern versorgt wurden.
Den Zucker gewinnen Grünpflanzen mittels Sonnenlicht und Kohlendioxid.
Pflanzen stellen die Lebensgrundlage der Tierwelt dar, ernähren Pflanzenfresser, diese wiederum Fleischfresser.
Der Mensch stellte sich letztlich an die Spitze der Nahrungspyramide.

3.2.   Luft

Vom Weltall aus betrachtet ist die
Erdatmosphäre, also die Luft, die uns umgibt,
verschwindend dünn.
Man kann sie mit der Dicke der Hülle eines
Luftballons zu dessen Volumen vergleichen.

Trotzdem bedeutet sie uns alles, ohne Luft gibt
es kein Leben.
Luft kommt uns nicht schwer vor, sie hat aber
ein Gewicht, das in bewegter Luft, bei
Wirbelstürmen und Tornados, deutliche
Wirkungen zeigt.

Luft besteht hauptsächlich aus Stickstoff
(78%), Sauerstoff (21%), Argon (0,9%),
Kohlendioxid (0,04%), Wasserdampf (0,04%)
und weiteren Gasen in Spuren.
Sauerstoff ist für Tiere lebensnotwendig,
Kohlendioxid für Pflanzen.
Die Konzentrationen waren nicht immer

konstant, sondern schwankten im Laufe der
Erdgeschichte.

Im Zeitalter des Karbon, als riesige Bärlapp-
Wälder Sauerstoffkonzentrationen von bis zu
35 Volumenprozent erzeugten, konnten
Gliederfüßer viel größer werden als heute:
Tausendfüßer wurden meterlang und Libellen
hatten Flügelspannweiten von 70 Zentimetern.
Erst hohe Sauerstoffkonzentrationen befähigten
Insekten zum Fliegen.

In der Kreidezeit, in der die
Sauerstoffkonzentration einen zweiten Gipfel
erreichte, war auch der Höhepunkt der
Flugsaurier.

Gegen Ende der Kreide erlernten endlich
Fledermäuse und Vögel das Flattern und
Fliegen.

66 Millionen Jahre später erhob sich
schließlich der Mensch in die Lüfte.

Auf die Luftverschmutzung und die
Erwärmung der Atmosphäre komme ich später
zu sprechen.

3.3.   Artensterben

Der Verzehr von Fleisch war für den Homo sapiens immer eine willkommene Abwechslung im Speiseplan. Homo sapiens ist lateinisch, heißt vernünftiger Mensch und ist der offizielle Name der einzigen noch lebenden Menschenart. Es gab eine Zeit, da lebten Homo sapiens und Homo neanderthalensis zusammen auf diesem Planeten.
Wir haben heute noch ca. 2-4 % Erbgut vom Neanderthaler in unseren Genen.
Wie und warum der Homo neanderthalensis ausstarb, ist noch immer unklar.

Viele Großsäuger unterschätzten den Menschen in seiner Gefährlichkeit.
Das Mammut, das Wollnashorn und der Auerochse wurden vom Menschen bejagt, bis sie ausgestorben waren.
In Sibirien, auf der Wrangelinsel, überlebten kleine Populationen von Mammuts bis etwa

2000 Jahre vor unserer Zeitrechnung.

In Afrika überlebten einige wenige Großsäuger
wie Elefant, Giraffe, Nashorn, Nilpferd und
Büffel. Da Afrika als Wiege der Menschheit
gilt, konnten sie sich länger auf den Menschen
und seine Gefährlichkeit einstellen. Sie lernten
zu fliehen.

Dies gelang den südamerikanischen
Großsäugern wie zum Beispiel dem
Riesenfaultier (Elefantengröße) schlechter, weil
die Menschen Südamerika erst spät und dann
relativ schnell eroberten. Vielleicht waren die
Riesenfaultiere aber auch nur langsam und
deshalb die ideale Beute.

Der Mensch hatte ein völlig anderes
Jagdverhalten als tierische Raubtiere. Während
diese vor allem Jungtieren und alten oder
kranken Beutetieren nachstellen, bevorzugte
der Mensch gesunde, geschlechtsreife Tiere.
Dies begünstigt das Aussterben von Arten.

Unzählige flugunfähige Großvögel lieferten
Nahrung im Überfluss, bis sie verschwunden
waren.
Am Ende des 13. Jahrhunderts erreichten
Menschen Neuseeland und stießen auf die
Moas, bis zu drei Meter große Vögel, die wie
Strauße aussehen. Diese zeigten weder Flucht-
noch Abwehrverhalten. Die Moas waren leicht
zu erbeuten und wurden binnen eines
Jahrhunderts ausgerottet. Das gleiche Schicksal
widerfuhr auch dem Dodo (1690) und dem
Riesenalk (1852).

Besonders traurig ist die Geschichte der rötlich
gefärbten Wandertaube.
Dieser Vogel kam in Schwärmen vor, die
kilometerlang waren und den Himmel
verdunkelt haben sollen. Wandertauben waren
so zahlreich, dass sie an Schweine verfüttert
wurden.
Die Wandertaube wurde vom Menschen
sinnlos ausgerottet, das letzte Exemplar starb
im Jahre 1914 in einem Zoo.

Seit der Kolonialzeit findet ein beispielloses Vogelsterben statt.
Wikipedia nennt ca. 200 ausgestorbene neuzeitliche Vogelarten.

3.4. Umweltprobleme

Außerdem findet ein dramatisches Insektensterben statt.
Seit den 1970er Jahren sind die Populationen von Bienen, Ameisen und Schmetterlingen drastisch zurückgegangen.
In meiner Jugend hat man im Wald noch unzählige Maikäfer gesehen, auch Bock-, Lauf- und Mistkäfer waren sehr häufig.
Einen Hirschkäfer, das ist der Käfer mit dem „Geweih" habe ich einmal in den 1970er Jahren in freier Natur beobachtet.
Leider sieht man ihn heutzutage fast nur noch als Präparat im Museum.

Jetzt könnte man denken, Insekten seien nicht
wichtig, sind sie doch meist nur lästige
Mücken.
Die Bedeutung der Insekten liegt in der
Bestäubung der Pflanzen. Stirbt die Biene aus,
drohen Ernteausfälle in Milliardenhöhe.
Außerdem sind Insekten die
Nahrungsgrundlage von Vögeln.

Schuld am Insektensterben ist die industrielle
Landwirtschaft, die „grüne Wüsten" schafft.
Sie vernichtet mit dem Einsatz von Pestiziden
und Düngemitteln „Unkräuter", die Insekten
als Nahrung benötigen. Die Natur braucht
Vielfalt, nicht Monokulturen.

Das gilt auch für den Wald, der längst keiner
mehr ist, sondern nur noch ein Forst.
Hier hilft nur eine Rückkehr zu gesunden
Mischwäldern, am besten „Urwäldern", die
noch einen hohen Anteil an heimischen
Laubbäumen haben.

Ein drastisches Beispiel für eine
Fehlentwicklung ist die Geschichte der
Osterinsel.
Irgendwann muss ein Schwachkopf auf der
Osterinsel die letzte Palme gefällt haben.
Danach wurde die Insel aufgegeben. Sie war
unbewohnbar.
Jahrhunderte später in der Neuzeit wurden
wieder Bäume angepflanzt und die Osterinsel
wurde neu besiedelt.

Die Rodung des Regenwaldes in der Neuzeit ist
ein genauso sinnfreies Unterfangen.
Für einige wenige Jahre gewinnt man
schlechtes Ackerland, das danach verödet.
Der Amazonas-Regenwald ist die grüne Lunge
unseres Planeten. Eine Rodung ist genauso
idiotisch, als würde man einem Lungenkranken
eine seiner beiden Lungen operativ entfernen.

Überall dort, wo sich Menschen zurückzogen,
geht es der Natur ausgezeichnet. Das sieht man
sehr deutlich an der Region um Tschernobyl.
Im Jahre 1986 explodierte dort ein

Reaktorblock eines Atomkraftwerkes, es ist der bis heute schwerste Unfall.

Er hatte zur Folge, dass sich die Menschen wegen der Reststrahlung zurückzogen.
Und siehe da, die Natur kehrte zurück. Hier leben Elche, Füchse, Wölfe und viele andere Arten. Ihnen scheint die Radioaktivität nichts anzuhaben. Vielmehr vermehren sie sich ohne Bejagung prächtig.

Diese Regionen, aus denen sich Menschen zurückziehen, sind leider die Ausnahme.
Insgesamt ist die Menschheit eher auf dem Vormarsch.
Es finden Bestrebungen statt, auch die Arktis, die Antarktis sowie die Tiefsee auszubeuten.

Gerade letztere ist noch völlig unerforscht. Die Schäden, die wir verursachen könnten, lassen sich zum jetzigen Zeitpunkt nicht absehen!

Lassen wir doch bitte auch die Arktis und die Antarktis in Frieden!

Wenn Gletscher kalben, das heißt, wenn große
Stücke als Eisberge abbrechen, wird reichlich
Dünger in Form von Mineralien ins Meer
geschüttet.
Mineralien, die der Gletscher in Jahrtausenden
angereichert hat und die zur massiven
Vermehrung von Kieselalgen führen.
Die Algenblüte, das heißt die massive
Vermehrung von Algen, wird so stark, dass
man die Grün-Färbung des Ozeans vom Weltall
aus sehen kann.
Die Algen ernähren Ruderkrebse, die wiederum
kleine Tintenfische, es geht über kleine und
große Fische bis zu den Meeressäugern wie
Walen und dem Menschen.
Die Weltmeere werden im Moment so stark
befischt, dass sich die Bestände kaum noch
erholen.
Ein Ende ist nicht abzusehen, denn die
Menschheit will ernährt werden.

Wir wissen nicht, wie sich unser Eingreifen an
den Polgebieten der Erde auf die großen
Meeresströmungen auswirkt.

Das Versiegen des warmen Golfstroms hätte
zumindest in Europa eine empfindliche
Abkühlung zur Folge.

Haben Sie sich jemals gefragt, wie
Meeresströmungen funktionieren?
Dass Wasser an Land in einem Flussbett
fließen kann, ist einsichtig, aber Wasser in
Wasser?
Dies funktioniert nur, wenn die einzelnen
Wasserschichten unterschiedlich sind, zum
Beispiel hinsichtlich ihrer Temperatur oder
ihrer Dichte. Enthält Wasser mehr Salz, wird es
dichter und schwerer, und stürzt in die Tiefsee.
Dies kann man sich als riesigen unterseeischen
Wasserfall vorstellen. Warmes Wasser ist
leichter als kaltes und strömt eher an die
Oberfläche des Meeres. Das ins Meer
abgetauchte Wasser muss aber an anderer Stelle
wieder auftauchen. Im Prinzip kann man sich
eine Meeresströmung wie eine riesige
Zentralheizung vorstellen.

Schmelzende Eisberge, die aus Süßwasser
bestehen, ändern den Salzgehalt des
umgebenden Meerwassers und können
Meeresströmungen beeinflussen.

Der Plastikmüll in den Ozeanen ist ein weiteres
Problem, das sowohl durch Maßlosigkeit als
auch durch Sorglosigkeit des Menschen
entstanden ist.

Mit der Kerntechnologie hat die Menschheit
eine weitere Büchse der Pandora geöffnet.
Es ist schon irrwitzig, dass sie durch ihre
Kernwaffen die Möglichkeit hat, sich selbst
mehrmals auszulöschen, dass wir quasi auf
einem Pulverfass sitzen.
Auch hier wird es uns nicht gelingen, die Natur
auszulöschen, ein paar Bärtierchen werden
gewiss überleben.

Ein weiteres Problem ist die durch den
Menschen ausgelöste Erderwärmung.
Sie lässt sich nicht mehr leugnen!

Der Mensch verfeuert Kohle, die sich in Millionen von Jahren aus Karbon-Wäldern gebildet hat, in wenigen Jahrhunderten. Das Zeitalter des Karbon (Kohlezeitalter) war die Blütezeit von Farnen, die damals ca. 30 Meter hohe „Bäume" bildeten. Nach ihrem Absterben und nach verschiedenen Prozessen im Erdboden bildeten sich Kohlenflöze, die der Mensch abbaut. Hier ist quasi Sonnenenergie von vielen Millionen von Jahren gespeichert. Es leuchtet ein, dass die Verbrennung von fossiler Energie zur Klimaerwärmung beiträgt.

Diese „Erwärmung" führt zum Schmelzen der Gletscher, zum Anstieg der Meeresspiegel, zum Absterben von Korallenriffen (Korallenbleiche), zu Veränderungen von Meeresströmungen, zum Artensterben und vielen anderen Phänomenen.

Es gibt zwar viele Organisationen und Personen, die uns warnen und uns diese ganzen Phänomene vor Augen führen.

Trotzdem werden die katastrophalen
Veränderungen der Umwelt und der Natur von
Politik und Wirtschaft zu wenig beachtet.
Warum ist das so?

Es scheint mit der Natur des Menschen
zusammenzuhängen!
Es scheint psychologische Barrieren zu geben!
Welche das sein könnten, wird im nächsten
Kapitel erläutert.
Eines ist klar - die Natur wird uns überleben.
Seien wir gnädig mit ihr!

3.5.   Geld und Gier

Der Mensch hat sich die Erde untertan gemacht
und kann sie zu ihrem Vorteil verändern.
Das geschieht auch schon vielerorts.
Es werden Naturschutzgebiete geschaffen, es
wird aufgeforstet, es gibt Klimakonferenzen, es
gibt „fridays for future", eine Jugendbewegung
für die Umwelt.

Wir kommen weg von fossilen Brennstoffen,
hin zu erneuerbaren Energien wie Strom aus
Sonnenenergie, Windenergie und
Wasserenergie.
Wir kommen weg vom Verbrennungsmotor und
hin zu Elektromobilen.
Wir haben eine sinnvolle Abfallwirtschaft und
effiziente Kläranlagen, dadurch wieder mehr
saubere Seen und Flüsse.
Die Erzeugung von nachhaltig hergestellten
Nahrungsmitteln ohne Dünger und ohne
Unkrautvernichter ist im Aufwind.
Es gibt immer mehr Geschäfte, die diese
Produkte verkaufen. Und immer mehr Kunden,
die biologisch einwandfrei hergestellte
Nahrung und Kleidung kaufen.

Das ist alles gut und richtig.
Aber es genügt nicht, wenn wir nicht auch die
Politik, das Finanzwesen und die Wirtschaft
mit ins Boot holen.

**Solange mit Umweltzerstörung viel Geld
verdient wird und solange die Verursacher
dafür keinen fairen Preis bezahlen müssen,
wird sich nicht viel ändern.**

Könnte es sein, dass die Begriffe evolutionäres
Erbe, Umweltzerstörung und Kapital
zusammenhängen?

Dazu müssen wir noch einmal weiter ausholen.
Der Mensch hat im Prinzip fünf primitive
Grundbedürfnisse: Essen, Trinken, Schlafen,
Geschlechtsverkehr und die Nähe zu anderen
Menschen. Er ist ein soziales Wesen und auf
Kontakte angewiesen.
Die Befriedigung dieser Bedürfnisse hat für ihn
absoluten Vorrang.
Macht vereinfacht die Befriedigung dieser
Bedürfnisse.
Geld bedeutet Macht.
Die Erfindung des Geldes war zunächst einmal
eine sinnvolle Sache, da man über
Tauschgeschäfte nicht alles regeln kann.

Menschen lieben Geld, und sie möchten immer
mehr davon besitzen.
Es ist eine Gier.
Geld ist gleichbedeutend mit Gier.
Geld ist der Stellvertreter für Ackerland,
Viehherden und Rohstoffe.
Kapital ermöglicht die Befriedigung aller
Bedürfnisse:
Nie wieder Hunger und Durst!
Immer genug Sex und Sozialkontakte!

Nur für den Schlaf müssen wir selber sorgen.
Und um den steht es bei reichen Menschen
nicht immer zum Besten.
Denn Geld hat durchaus Nebenwirkungen: Es
macht nicht nur glücklich!
Bis zu einer Mindestgrenze ist es notwendig,
damit wir nicht durch Armut unglücklich
werden.
Aber darüber hinaus trägt es nicht mehr viel
zum Glücklichsein bei. Es erhöht höchstens das
Sicherheitsgefühl.

Vielleicht kann diese Einsicht helfen, vom
Streben nach immer mehr Geld
wegzukommen.

Zuviel Geld kann auch krank machen:
Man ist versucht, sich zu viel Essen zu kaufen
und bekommt vielleicht Übergewicht. Durch
übermäßigen Fleischverzehr entsteht Gicht.
Wer viel besitzt, kann auch viel verlieren.
Die Sorgen darüber können die Lebensqualität
mindern. Es gibt viele unglückliche reiche
Menschen.
Käuflicher Sex ist nicht so befriedigend wie ein
auf Liebe basierender Geschlechtsverkehr.
Und auf falsche Freunde kann man auch eher
verzichten!

„Wir kaufen Dinge, die wir nicht brauchen,
von Geld, das wir nicht haben,
um Menschen zu beeindrucken, die wir nicht
mögen." (Unbekannter Autor)

Vielleicht können solche Erkenntnisse die Gier
dämpfen?

Weniger Gier bedeutet weniger Umweltzerstörung.

Wenn immer mehr Privatpersonen, zu denen ja auch Politiker, Finanz- und Wirtschaftsleute gehören, so denken, könnte sich das positiv auf die Umwelt auswirken.
Geld ist nur solange notwendig, solange wir Bedürfnisse haben, für die wir bezahlen müssen.
Was kann man ändern?
Könnte man das Kapitalsystem abschaffen?
Könnte der Mensch dadurch seine Gier verlernen?

Wenn zum Beispiel alle Menschen kostenlos Nahrung bekämen, wenn genug sauberes Wasser für alle da wäre und genug Wohnraum?
Wenn es eine kostenlose medizinische Versorgung für alle gäbe?
Wenn es eine Grundsicherung für alle gäbe, die auch unser Rentensystem ersetzt?

Wenn dadurch auch der Druck in den
Entwicklungsländern wegfiele, möglichst viele
Nachkommen zur Alterssicherung zu haben?

Wenn Menschen keine schwere oder
unangenehme Arbeit mehr leisten müssten,
weil Roboter dies erledigten?
Ein freiwilliges Arbeiten von wenigen Stunden
täglich wäre nach wie vor möglich.

Wäre Geld dann noch notwendig?
Wenn die Vergleiche unter den Menschen
aufhörten?
Wenn wir eine neue Gesellschaftsordnung
hätten, in der Luxus und Verschwendung
verpönt wären?
Wenn sich intelligente Leute Gedanken machen
würden, wie wir an Rohstoffe für unsere
Industrien kämen, ohne die Umwelt zu
zerstören?

Ich habe die Hoffnung, dass unsere Jugend,
dass zukünftige Generationen unsere
Menschheitsprobleme lösen werden.
Manchmal wünschte ich mir, Außerirdische als
übergeordnete Autorität kämen uns besuchen
und würden uns den Weg weisen.
Hoffen wir, dass wir in Zukunft von der
Vernunft und nicht von der Gier geleitet
werden!

Wir sitzen alle in einem Boot.
Es wäre sinnvoll, wenn alle Menschen an
einem Strang ziehen.
Man sollte eine Weltregierung verwirklichen,
die besser funktioniert als die Vereinten
Nationen (UNO).
Außerdem wären eine Weltsprache und eine
Weltwährung einzuführen sowie Weltprojekte
zu verwirklichen.

4. Zukunft

4.1.   Weltregierung

Am schwierigsten ist die Realisierung einer
Weltregierung.
Wer bestimmt, welche Projekte angegangen
werden?
Die Klügsten? Die Redegewandtesten?
Die Charismatischsten?

Es würden auch nur alle Länder mitmachen,
wenn sich Perspektiven auftäten, die für alle
befriedigend sind.
Auch müsste man gemeinsame Ziele festlegen.

Jedes Land wäre im Prinzip gleichberechtigt.
Natürlich sollten die Länder einen
Stimmenanteil nach ihrer Bedeutung und
Größe haben.

Dabei sollten folgende Punkte berücksichtigt
werden:

- Friedfertigkeit
- Einwohnerzahl und Größe des Staates
- Wirtschaftsleistung
- Bedeutung als Forschungs- und
  Kulturnation

Im Falle eines Konfliktes sollten zuerst
diplomatische Maßnahmen ergriffen werden.
Die Weltparlamentarier sollten direkt
abstimmen können, nach international gültigen
Maßstäben.
Konfliktstaaten sollten boykottiert werden.
Als Ultima ratio sollte eine Friedensarmee
eingreifen, deren Aktionen in jeder Phase
überwacht und bewertet werden.

In ferner Zukunft sollte es dann gelingen,
Ländergrenzen zu überwinden.

4.2.   Weltsprache

Jedes Kind sollte seine Muttersprache und noch
eine gemeinsame Welt-Sprache lernen.
Möglich wäre, dass man sich auf Englisch
einigt.
Besser wäre jedoch Esperanto, denn diese
Kunstsprache ist leichter zu erlernen.
Esperanto müsste weiterentwickelt werden, vor
allem mit Computerhilfe, um bisher weniger
abgebildete Sprachen besser zu
berücksichtigen.

4.3.   Weltwährung

Um Ländergrenzen zu überwinden, wäre eine
gemeinsame Welt-Währung sinnvoll.
Vielleicht sind Kryptowährungen wie Bitcoin
geeignet.

4.4.   Weltprojekte

Die Menschheit sollte gemeinsame Projekte
starten.
Vorrang hätten die Entwicklung der
Kernfusionstechnologie, die Entwicklung von
Künstlicher Intelligenz und die Bekämpfung
von Krankheiten.

Die Kernfusion könnte uns unbegrenzt Energie
aus dem Rohstoff Wasser liefern, der auf der
Erde im Übermaß vorhanden ist.
Fehlendes Trinkwasser könnte durch
Meerwasserentsalzung gewonnen werden,
stünde genügend umweltfreundliche Energie
zur Verfügung.

Die Künstliche Intelligenz würde dazu führen,
dass Menschen nur noch die Arbeit verrichten
müssten, zu der sie Neigung haben und die
Ihnen Freude bereitet. Sie könnten sich zum
Beispiel der Wissenschaft, den Künsten,

dem Spielen und dem Sport widmen.
Die profanen, aber wichtigen Bedürfnisse der
Menschheit werden durch Roboterarbeit
gestillt. Dies fängt an bei automatisierter
Nahrungsproduktion, Herstellung von
möglichst künstlichem Fleisch und der
Nahrungszubereitung.
Roboter könnten sämtliche Produkte des
täglichen Lebens herstellen, in der Entsorgung
tätig sein, in der Medizin, in der Pflege, usw.

In der Bekämpfung der Krankheiten wären
noch viele Fortschritte zu erzielen:
Für die Infektionskrankheiten müssten bessere
Impfstoffe und Medikamente zur Verfügung
gestellt werden.
Die Krebserkrankungen sollten mit spezifischer
Immuntherapie behandelbar werden.
Die Zivilisationskrankheiten sollten mit
Vernunft und Aufklärung bekämpft werden.
Hier wäre es vorteilhaft, wenn mehr Menschen
zu Fuß gehen oder Fahrrad fahren würden und
wenn weniger Fleisch verzehrt würde.

Auch wenn wir mit der Raumfahrt Erfolg
haben, wird es auf absehbare Zeit noch keine
weitere Erde in greifbarer Nähe geben.
Wir müssen mit den Schätzen der Natur
verantwortungsbewusst und vernünftig
umgehen.

Vielleicht können wir dann den Cree-Indianern
beweisen, dass auch wir erkannt haben, dass
wir auf lange Sicht nur überleben werden,
wenn wir in Einklang mit der Natur leben.

Zum Autor Dr. Pulcher:

Dr. Pulcher ist Mitglied bei Mensa in Deutschland e.V., sowie vielseitig interessiert und belesen.
Er hat Humanmedizin studiert und war in der Wissenschaft, an der Universität, in Klinik und Praxis tätig.

Danksagungen:

Meinen Eltern, die mich schon früh immer wieder durch Fragen zum selbständigen Nachdenken anregten.

Meiner Frau, die mich von den meisten Pflichten entbunden hat, sodass ich Zeit hatte, in Ruhe zu schreiben.

Meiner Tochter, die sich die Mühe machte, meine Entwürfe zu lesen, und mit der ich immer wieder diskutieren konnte.

Meinen Freunden, die sich immer wieder meine Gedanken anhörten und mit ihren Kommentaren wertvolle Hilfen leisteten.

Copyright

3. Auflage 2020

In der dritten Auflage sind weitere wichtige Verbesserungen dazugekommen.

© bei Autor und Verlag

Alle Rechte vorbehalten, insbesondere das des öffentlichen Vortrags, der Übertragung durch Rundfunk, Fernsehen und Internet sowie der Übersetzung, auch einzelner Teile.

Kein Teil des Werkes darf in irgendeiner Form ohne schriftliche Genehmigung der Copyright-Inhaber reproduziert, vervielfältigt oder verbreitet werden.

Sämtliche Angaben in diesem Werk erfolgen trotz sorgfältiger Bearbeitung ohne Gewähr. Eine Haftung des Autors und des Verlages ist ausgeschlossen.

Herstellung und Verlag: BoD- Books on Demand, Norderstedt
ISBN: 978-3-7504-9680-4